Los conjurados

Jorge Luis Borges

Los conjurados

Alianza Editorial

© *Jorge Luis Borges, 1985*
Alianza Editorial, S. A., Madrid, 1985
Calle Milán, 38;. ☎ *2000045*
I.S.B.N.: 84-206-3159-0
Depósito legal: M. 17.287-1985
Compuesto por Fernández Ciudad, S. L.
Impreso en Lavel. Los Llanos, nave 6. Humanes (Madrid) ·
Printed in Spain

Índice

Inscripción

Escribir un poema es ensayar una magia menor. El instrumento de esa magia, el lenguaje, es asaz misterioso. Nada sabemos de su origen. Sólo sabemos que se ramifica en idiomas y que cada uno de ellos consta de un indefinido y cambiante vocabulario y de una cifra indefinida de posibilidades sintácticas. Con esos inasibles elementos he formado este libro. (En el poema, la cadencia y el ambiente de una palabra pueden pesar más que el sentido.)

De usted es este libro, María Kodama. ¿Será preciso que le diga que esta inscripción comprende los crepúsculos, los ciervos de Nara, la noche que está sola y las populosas mañanas, las islas compartidas, los mares, los desiertos y los jardines, lo que pierde el olvido y lo que la memoria transforma, la alta voz del muecín, la muerte de Hawkwood, los libros y las láminas?

Sólo podemos dar lo que ya hemos dado. Sólo podemos dar lo que ya es del otro. En este libro están las cosas que siempre fueron suyas. ¡Qué misterio es una dedicatoria, una entrega de símbolos!

J.L.B.

Prólogo

A nadie puede maravillar que el primero de los elementos, el fuego, no abunde en el libro de un hombre de ochenta y tantos años. Una reina, en la hora de su muerte, dice que es fuego y aire; yo suelo sentir que soy tierra, cansada tierra. Sigo, sin embargo, escribiendo. ¿Qué otra suerte me queda, qué otra hermosa suerte me queda? La dicha de escribir no se mide por las virtudes o flaquezas de la escritura. Toda obra humana es deleznable, afirma Carlyle, pero su ejecución no lo es.

No profeso ninguna estética. Cada obra confía a su escritor la forma que busca: el verso, la prosa, el estilo barroco o el llano. Las teorías pueden ser admirables estímulos (recordemos a Whitman) pero asimismo pueden engendrar monstruos o meras piezas de museo. Recordemos el monólogo interior de James Joyce o el sumamente incómodo Polifemo.

Al cabo de los años he observado que la belleza, como la felicidad, es frecuente. No pasa un día en que no estemos, un instante, en el paraíso. No hay poeta, por mediocre que sea, que no haya escrito el mejor verso de la literatura, pero también los más desdichados. La belleza no es privilegio de unos cuantos nombres ilustres. Sería muy raro que este libro, que abarca unas cuarenta composiciones, no atesorara una sola línea secreta, digna de acompañarte hasta el fin.

En este libro hay muchos sueños. Aclaro que fueron dones de la noche o, más precisamente, del alba, no ficciones deliberadas. Apenas si me he atrevido a agregar uno que otro rasgo circunstancial, de los que exige nuestro tiempo, a partir de Defoe.

Dicto este prólogo en una de mis patrias, Ginebra.

J.L.B.

9 de enero de 1985.

Cristo en la cruz

Cristo en la cruz. Los pies tocan la tierra.
Los tres maderos son de igual altura.
Cristo no está en el medio. Es el tercero.
La negra barba pende sobre el pecho.
El rostro no es el rostro de las láminas.
Es áspero y judío. No lo veo
y seguiré buscándolo hasta el día
último de mis pasos por la tierra.
El hombre quebrantado sufre y calla.
La corona de espinas lo lastima.
No lo alcanza la befa de la plebe
que ha visto su agonía tantas veces.
La suya o la de otro. Da lo mismo.
Cristo en la cruz. Desordenadamente
piensa en el reino que tal vez lo espera,
piensa en una mujer que no fue suya.
No le está dado ver la teología,
la indescifrable Trinidad, los gnósticos,
las catedrales, la navaja de Occam,
la púrpura, la mitra, la liturgia,
la conversión de Guthrum por la espada,
la Inquisición, la sangre de los mártires,

las atroces Cruzadas, Juana de Arco,
el Vaticano que bendice ejércitos.
Sabe que no es un dios y que es un hombre
que muere con el día. No le importa.
Le importa el duro hierro de los clavos.
No es un romano. No es un griego. Gime.
Nos ha dejado espléndidas metáforas
y una doctrina del perdón que puede
anular el pasado. (Esa sentencia
la escribió un irlandés en una cárcel.)
El alma busca el fin, apresurada.
Ha oscurecido un poco. Ya se ha muerto.
Anda una mosca por la carne quieta.
¿De qué puede servirme que aquel hombre
haya sufrido, si yo sufro ahora?

Kyoto, 1984.

Doomsday

Será cuando la trompeta resuene, como escribe San Juan
    el Teólogo.
Ha sido en 1757, según el testimonio de Swedenborg.
Fue en Israel cuando la loba clavó en la cruz la carne
    de Cristo, pero no sólo entonces.
Ocurre en cada pulsación de tu sangre.
No hay un instante que no pueda ser el cráter del In-
    fierno.
No hay un instante que no pueda ser el agua del Paraíso.
No hay un instante que no esté cargado como un arma.
En cada instante puedes ser Caín o Siddharta, la máscara
    o el rostro.
En cada instante puede revelarte su amor Helena de
    Troya.
En cada instante el gallo puede haber cantado tres veces.
En cada instante la clepsidra deja caer la última gota.

César

Aquí, lo que dejaron los puñales.
Aquí esa pobre cosa, un hombre muerto
que se llamaba César. Le han abierto
cráteres en la carne los metales.
Aquí lo atroz, aquí la detenida
máquina usada ayer para la gloria,
para escribir y ejecutar la historia
y para el goce pleno de la vida.
Aquí también el otro, aquel prudente
emperador que declinó laureles,
que comandó batallas y bajeles
y que rigió el oriente y el poniente.
Aquí también el otro, el venidero
cuya gran sombra será el orbe entero.

Tríada

El alivio que habrá sentido César en la mañana de Farsalia, al pensar: Hoy es la batalla.

El alivio que habrá sentido Carlos Primero al ver el alba en el cristal y pensar: Hoy es el día del patíbulo, del coraje y del hacha.

El alivio que tú y yo sentiremos en el instante que precede a la muerte, cuando la suerte nos desate de la triste costumbre de ser alguien y del peso del universo.

La trama

Las migraciones que el historiador, guiado por las azarosas reliquias de la cerámica y del bronce, trata de fijar en el mapa y que no comprendieron los pueblos que las ejecutaron.

Las divinidades del alba que no han dejado ni un ídolo ni un símbolo.

El surco del arado de Caín.

El rocío en la hierba del Paraíso.

Los hexagramas que un emperador descubrió en la caparazón de una de las tortugas sagradas.

Las aguas que no saben que son el Ganges.

El peso de una rosa en Persépolis.

El peso de una rosa en Bengala.

Los rostros que se puso una máscara que guarda una vitrina.

El nombre de la espada de Hengist.

El último sueño de Shakespeare.

La pluma que trazó la curiosa línea: *He met the Nightmare and her name he told.*

El primer espejo, el primer hexámetro.

Las páginas que leyó un hombre gris y que le revelaron que podía ser don Quijote.

Un ocaso cuyo rojo perdura en un vaso de Creta.
Los juguetes de un niño que se llamaba Tiberio Graco.
El anillo de oro de Polícrates que el Hado rechazó.
No hay una sola de esas cosas perdidas que no proyecte
    ahora una larga sombra y que no determine lo que
    haces hoy o lo que harás mañana.

Reliquias

El hemisferio austral. Bajo su álgebra
de estrellas ignoradas por Ulises,
un hombre busca y seguirá buscando
las reliquias de aquella epifanía
que le fue dada, hace ya tantos años,
del otro lado de una numerada
puerta de hotel, junto al perpetuo Támesis,
que fluye como fluye ese otro río,
el tenue tiempo elemental. La carne
olvida sus pesares y sus dichas.
El hombre espera y sueña. Vagamente
rescata unas triviales circunstancias.
Un nombre de mujer, una blancura,
un cuerpo ya sin cara, la penumbra
de una tarde sin fecha, la llovizna,
unas flores de cera sobre un mármol
y las paredes, color rosa pálido.

Son los ríos

Somos el tiempo. Somos la famosa
parábola de Heráclito el Oscuro.
Somos el agua, no el diamante duro,
la que se pierde, no la que reposa.
Somos el río y somos aquel griego
que se mira en el río. Su reflejo
cambia en el agua del cambiante espejo,
en el cristal que cambia como el fuego.
Somos el vano río prefijado,
rumbo a su mar. La sombra lo ha cercado.
Todo nos dijo adiós, todo se aleja.
La memoria no acuña su moneda.
Y sin embargo hay algo que se queda
y sin embargo hay algo que se queja.

La joven noche

Ya las lustrales aguas de la noche me absuelven
de los muchos colores y de las muchas formas.
Ya en el jardín las aves y los astros exaltan
el regreso anhelado de las antiguas normas
del sueño y de la sombra. Ya la sombra ha sellado
los espejos que copian la ficción de las cosas.
Mejor lo dijo Goethe: *Lo cercano se aleja.*
Esas cuatro palabras cifran todo el crepúsculo.
En el jardín las rosas dejan de ser las rosas
y quieren ser la Rosa.

La tarde

Las tardes que serán y las que han sido
son una sola, inconcebiblemente.
Son un claro cristal, solo y doliente,
inaccesible al tiempo y a su olvido.
Son los espejos de esa tarde eterna
que en un cielo secreto se atesora.
En aquel cielo están el pez, la aurora,
la balanza, la espada y la cisterna.
Uno y cada arquetipo. Así Plotino
nos enseña en sus libros, que son nueve;
bien puede ser que nuestra vida breve
sea un reflejo fugaz de lo divino.
La tarde elemental ronda la casa.
La de ayer, la de hoy, la que no pasa.

Elegía

Tuyo es ahora, Abramowicz, el singular sabor de la muerte, a nadie negado, que me será ofrecido en esta casa o del otro lado del mar, a orillas de tu Ródano, que fluye fatalmente como si fuera ese otro y más antiguo Ródano, el Tiempo. Tuya será también la certidumbre de que el Tiempo se olvida de sus ayeres y de que nada es irreparable o la contraria certidumbre de que los días nada pueden borrar y de que no hay un acto, o un sueño, que no proyecte una sombra infinita. Ginebra te creía un hombre de leyes, un hombre de dictámenes y de causas, pero en cada palabra, en cada silencio, eras un poeta. Acaso estás hojeando en este momento los muy diversos libros que no escribiste pero que prefijabas y descartabas y que para nosotros te justifican y de algún modo son. Durante la primera guerra, mientras se mataban los hombres, soñamos los dos sueños que se llamaron Laforgue y Baudelaire. Descubrimos las cosas que descubren todos los jóvenes: el ignorante amor, la ironía, el anhelo de ser Raskolnikov o el príncipe Hamlet, las palabras y los ponientes. Las generaciones de Israel estaban en ti cuando me dijiste sonriendo: *Je suis très*

fatigué. J'ai quatre mille ans. Esto ocurrió en la Tierra; .
vano es conjeturar la edad que tendrás en el cielo.

No sé si todavía eres alguien, no sé si estás oyéndome.

Buenos Aires, catorce de enero de 1984.

Abramowicz

Esta noche, no lejos de la cumbre de la colina de Saint Pierre, una valerosa y venturosa música griega nos acaba de revelar que la muerte es más inverosímil que la vida y que, por consiguiente, el alma perdura cuando su cuerpo es caos. Esto quiere decir que María Kodama, Isabelle Monet y yo no somos tres, como ilusoriamente creíamos. Somos cuatro, ya que tú también estás con nosotros, Maurice. Con vino rojo hemos brindado a tu salud. No hacía falta tu voz, no hacía falta el roce de tu mano ni tu memoria. Estabas ahí, silencioso y sin duda sonriente, al percibir que nos asombraba y maravillaba ese hecho tan notorio de que nadie puede morir. Estabas ahí, a nuestro lado, y contigo las muchedumbres de quienes duermen con sus padres, según se lee en las páginas de tu Biblia. Contigo estaban las muchedumbres de las sombras que bebieron en la fosa ante Ulises y también Ulises y también todos los que fueron o imaginaron los que fueron. Todos estaban ahí, y también mis padres y también Heráclito y Yorick. Cómo puede morir una mujer o un hombre o un niño, que han sido tantas primaveras y tantas hojas, tantos libros y tantos pájaros y tantas mañanas y noches.

Esta noche puedo llorar como un hombre, puedo sentir que por mis mejillas las lágrimas resbalan, porque sé que en la tierra no hay una sola cosa que sea mortal y que no proyecte su sombra. Esta noche me has dicho sin palabras, Abramowicz, que debemos entrar en la muerte como quien entra en una fiesta.

Fragmentos de una tablilla de barro descifrada
por Edmund Bishop en 1867

... Es la hora sin sombra. Melkart el Dios rige desde la cumbre del mediodía el mar de Cartago. Aníbal es la espada de Melkart.

Las tres fanegas de anillos de oro de los romanos que perecieron en Apulia, seis veces mil, han arribado al puerto.

Cuando el otoño esté en los racimos habré dictado el verso final.

Alabado sea Baal, Dios de los muchos cielos, alabada sea Tanith, la cara de Baal, que dieron la victoria a Cartago y que me hicieron heredar la vasta lengua púnica, que será la lengua del orbe, y cuyos caracteres son talismánicos.

No he muerto en la batalla como mis hijos, que fueron capitanes en la batalla y que no enterraré, pero a lo largo de las noches he labrado el cantar de las dos guerras y de la exultación.

Nuestro es el mar. ¿Qué saben los romanos del mar?

Tiemblan los mármoles de Roma; han oído el rumor de los elefantes de guerra.

Al fin de quebrantados convenios y de mentirosas palabras, hemos condescendido a la espada.

Tuya es la espada ahora, romano; la tienes clavada en el pecho.

· Canté la púrpura de Tiro, que es nuestra madre. Canté los trabajos de quienes descubrieron el alfabeto y surcaron los mares. Canté la pira de la clara reina. Canté los remos y los mástiles y las arduas tormentas...

Berna, 1984.

Elegía de un parque

Se perdió el laberinto. Se perdieron
todos los eucaliptos ordenados,
los toldos del verano y la vigilia
del incesante espejo, repitiendo
cada expresión de cada rostro humano,
cada fugacidad. El detenido
reloj, la entretejida madreselva,
la glorieta, las frívolas estatuas,
el otro lado de la tarde, el trino,
el mirador y el ocio de la fuente
son cosas del pasado. ¿Del pasado?
Si no hubo un principio ni habrá un término,
si nos aguarda una infinita suma
de blancos días y de negras noches,
ya somos el pasado que seremos.
Somos el tiempo, el río indivisible,
somos Uxmal, Cartago y la borrada
muralla del romano y el perdido
parque que conmemoran estos versos.

La suma

Ante la cal de una pared que nada
nos veda imaginar como infinita
un hombre se ha sentado y premedita
trazar con rigurosa pincelada
en la blanca pared el mundo entero:
puertas, balanzas, tártaros, jacintos,
ángeles, bibliotecas, laberintos,
anclas, Uxmal, el infinito, el cero.
Puebla de formas la pared. La suerte,
que de curiosos dones no es avara,
le permite dar fin a su porfía.
En el preciso instante de la muerte
descubre que esa vasta algarabía
de líneas es la imagen de su cara.

Alguien sueña

¿Qué habrá soñado el Tiempo hasta ahora, que es, como todos los ahoras, el ápice? Ha soñado la espada, cuyo mejor lugar es el verso. Ha soñado y labrado la sentencia, que puede simular la sabiduría. Ha soñado la fe, ha soñado las atroces Cruzadas. Ha soñado a los griegos que descubrieron el diálogo y la duda. Ha soñado la aniquilación de Cartago por el fuego y la sal. Ha soñado la palabra, ese torpe y rígido símbolo. Ha soñado la dicha que tuvimos o que ahora soñamos haber tenido. Ha soñado la primer mañana de Ur. Ha soñado el misterioso amor de la brújula. Ha soñado la proa del noruego y la proa del portugués. Ha soñado la ética y las metáforas del más extraño de los hombres, el que murió una tarde en una cruz. Ha soñado el sabor de la cicuta en la lengua de Sócrates. Ha soñado esos dos curiosos hermanos, el eco y el espejo. Ha soñado el libro, ese espejo que siempre nos revela otra cara. Ha soñado el espejo en que Francisco López Merino y su imagen se vieron por última vez. Ha soñado el espacio. Ha soñado la música, que puede prescindir del espacio. Ha soñado el arte de la palabra, aún más inexplicable que el de la música, porque incluye la música. Ha soñado una cuarta dimensión y la fauna singular que la habita. Ha soñado el número de la arena. Ha soñado los números transfinitos, a los que no se llega contando. Ha soñado al primero que en el trueno oyó el nombre de Thor. Ha soñado las opuestas caras de Jano, que no se verán nunca. Ha soñado la luna y los dos hombres que caminaron por la luna. Ha soñado el pozo y el péndulo. Ha soñado a Walt Whitman, que decidió ser todos los hombres, como la divinidad de Spinoza. Ha soñado el jazmín, que no puede saber que lo sueñan. Ha soñado las generaciones de las hormigas y las generaciones de los reyes. Ha soñado la vasta red que tejen todas las arañas del mundo. Ha soñado el arado y el martillo, el cáncer y la rosa, las campanadas del insomnio y el ajedrez. Ha soñado la enumeración que los tratadistas llaman caótica y que, de hecho, es cósmica, porque todas las cosas están unidas por vínculos secretos. Ha soñado a mi abuela Frances Haslam en la guarnición de Junín, a un trecho de las lanzas del desierto, leyendo su Biblia y su Dickens. Ha soñado que en las batallas los tártaros cantaban. Ha soñado la mano de Hokusai, trazando una línea que será muy pronto una ola. Ha soñado a Yorick, que vive para siempre en unas palabras del ilusorio Hamlet. Ha soñado los arquetipos. Ha soñado que a lo largo de los veranos, o en un cielo anterior a los veranos, hay una sola rosa. Ha soñado las caras de tus muertos, que ahora son empañadas fotografías. Ha soñado la primer mañana de Uxmal. Ha soñado el acto de la sombra. Ha soñado las cien puertas de Tebas. Ha soñado los pasos del laberinto. Ha soñado el nombre secreto de Roma, que era su verdadera muralla. Ha soñado la vida de los espejos. Ha soñado los signos que trazará el escriba sentado. Ha soñado una esfera de marfil que guarda otras esferas. Ha soñado el calidoscopio, grato a los ocios del enfermo y del niño. Ha soñado el desierto. Ha soñado el alba que acecha. Ha soñado el Ganges y el Támesis, que son nombres del agua. Ha soñado mapas que Ulises no habría comprendido. Ha soñado a Alejandro de Macedonia. Ha soñado el muro del Paraíso, que detuvo a Alejandro. Ha soñado el mar y la lágrima. Ha soñado el cristal. Ha soñado que Alguien lo sueña.

Alguien soñará

¿Qué soñará el indescifrable futuro? Soñará que Alonso Quijano puede ser don Quijote sin dejar su aldea y sus libros. Soñará que una víspera de Ulises puede ser más pródiga que el poema que narra sus trabajos. Soñará generaciones humanas que no reconocerán el nombre de Ulises. Soñará sueños más precisos que la vigilia de hoy. Soñará que podremos hacer milagros y que no los haremos, porque será más real imaginarlos. Soñará mundos tan intensos que la voz de una sola de sus aves podría matarte. Soñará que el olvido y la memoria pueden ser actos voluntarios, no agresiones o dádivas del azar. Soñará que veremos con todo el cuerpo, como quería Milton desde la sombra de esos tiernos orbes, los ojos. Soñará un mundo sin la máquina y sin esa doliente máquina, el cuerpo. La vida no es un sueño pero puede llegar a ser un sueño, escribe Novalis.

Sherlock Holmes

No salió de una madre ni supo de mayores.
Idéntico es el caso de Adán y de Quijano.
Está hecho de azar. Inmediato o cercano
lo rigen los vaivenes de variables lectores.

No es un error pensar que nace en el momento
en que lo ve aquel otro que narrará su historia
y que muere en cada eclipse de la memoria
de quienes lo soñamos. Es más hueco que el viento.

Es casto. Nada sabe del amor. No ha querido.
Ese hombre tan viril ha renunciado al arte
de amar. En Baker Street vive solo y aparte.
Le es ajeno también ese otro arte, el olvido.

Lo soñó un irlandés, que no lo quiso nunca
y que trató, nos dicen, de matarlo. Fue en vano.
El hombre solitario prosigue, lupa en mano,
su rara suerte discontinua de cosa trunca.

No tiene relaciones, pero no lo abandona
la devoción del otro, que fue su evangelista

y que de sus milagros ha dejado la lista.
Vive de un modo cómodo: en tercera persona.

No baja más al baño. Tampoco visitaba
ese retiro Hamlet, que muere en Dinamarca
y que no sabe casi nada de esa comarca
de la espada y del mar, del arco y de la aljaba.

(*Omnia sunt plena Jovis*. De análoga manera
diremos de aquel justo que da nombre a los versos
que su inconstante sombra recorre los diversos
dominios en que ha sido parcelada la esfera.)

Atiza en el hogar las encendidas ramas
o da muerte en los páramos a un perro del infierno.
Ese alto caballero no sabe que es eterno.
Resuelve naderías y repite epigramas.

Nos llega desde un Londres de gas y de neblina
un Londres que se sabe capital de un imperio
que le interesa poco, de un Londres de misterio
tranquilo, que no quiere sentir que ya declina.

No nos maravillemos. Después de la agonía,
el hado o el azar (que son la misma cosa)
depara a cada cual esa suerte curiosa
de ser ecos o formas que mueren cada día.

Que mueren hasta un día final en que el olvido,
que es la meta común, nos olvide del todo.
Antes que nos alcance juguemos con el lodo
de ser durante un tiempo, de ser y de haber sido.

Pensar de tarde en tarde en Sherlock Holmes es una
de las buenas costumbres que nos quedan. La muerte
y la siesta son otras. También es nuestra suerte
convalecer en un jardín o mirar la luna.

Un lobo

Furtivo y gris en la penumbra última,
va dejando sus rastros en la margen
de este río sin nombre que ha saciado
la sed de su garganta y cuyas aguas
no repiten estrellas. Esta noche,
el lobo es una sombra que está sola
y que busca a la hembra y siente frío.
Es el último lobo de Inglaterra.
Odín y Thor lo saben. En su alta
casa de piedra un rey ha decidido
acabar con los lobos. Ya forjado
ha sido el fuerte hierro de tu muerte.
Lobo sajón, has engendrado en vano.
No basta ser cruel. Eres el último.
Mil años pasarán y un hombre viejo
te soñará en América. De nada
puede servirte ese futuro sueño.
Hoy te cercan los hombres que siguieron
por la selva los rastros que dejaste,
furtivo y gris en la penumbra última.

Midgarthormr

Sin fin el mar. Sin fin el pez, la verde
serpiente cosmogónica que encierra,
verde serpiente y verde mar, la tierra,
como ella circular. La boca muerde
la cola que le llega desde lejos,
desde el otro confín. El fuerte anillo
que nos abarca es tempestades, brillo,
sombra y rumor, reflejos de reflejos.
Es también la anfisbena. Eternamente
se miran sin horror los muchos ojos.
Cada cabeza husmea crasamente
los hierros de la guerra y los despojos.
Soñado fue en Islandia. Los abiertos
mares lo han divisado y lo han temido;
volverá con el barco maldecido
que se arma con las uñas de los muertos.
Alta será su inconcebible sombra
sobre la tierra pálida en el día
de altos lobos y espléndida agonía
del crepúsculo aquel que no se nombra.
Su imaginaria imagen nos mancilla.
Hacia el alba lo vi en la pesadilla.

Nubes (I)

No habrá una sola cosa que no sea
una nube. Lo son las catedrales
de vasta piedra y bíblicos cristales
que el tiempo allanará. Lo es la Odisea,
que cambia como el mar. Algo hay distinto
cada vez que la abrimos. El reflejo
de tu cara ya es otro en el espejo
y el día es un dudoso laberinto.
Somos los que se van. La numerosa
nube que se deshace en el poniente
es nuestra imagen. Incesantemente
la rosa se convierte en otra rosa.
Eres nube, eres mar, eres olvido.
Eres también aquello que has perdido.

Nubes (II)

Por el aire andan plácidas montañas
o cordilleras trágicas de sombra
que oscurecen el día. Se las nombra
nubes. Las formas suelen ser extrañas.
Shakespeare observó una. Parecía
un dragón. Esa nube de una tarde
en su palabra resplandece y arde
y la seguimos viendo todavía.
¿Qué son las nubes? ¿Una arquitectura
del azar? Quizá Dios las necesita
para la ejecución de Su infinita
obra y son hilos de la trama oscura.
Quizá la nube sea no menos vana
que el hombre que la mira en la mañana.

On his blindness

Al cabo de los años me rodea
una terca neblina luminosa
que reduce las cosas a una cosa
sin forma ni color. Casi a una idea.
La vasta noche elemental y el día
lleno de gente son esa neblina
de luz dudosa y fiel que no declina
y que acecha en el alba. Yo querría
ver una cara alguna vez. Ignoro
la inexplorada enciclopedia, el goce
de libros que mi mano reconoce,
las altas aves y las lunas de oro.
A los otros les queda el universo;
a mi penumbra, el hábito del verso.

El hilo de la fábula

El hilo que la mano de Ariadne dejó en la mano de Teseo (en la otra estaba la espada) para que éste se ahondara en el laberinto y descubriera el centro, el hombre con cabeza de toro o, como quiere Dante, el toro con cabeza de hombre, y le diera muerte y pudiera, ya ejecutada la proeza, destejer las redes de piedra y volver a ella, a su amor.

Las cosas ocurrieron así. Teseo no podía saber que del otro lado del laberinto estaba el otro laberinto, el de tiempo, y que en algún lugar prefijado estaba Medea.

El hilo se ha perdido; el laberinto se ha perdido también. Ahora ni siquiera sabemos si nos rodea un laberinto, un secreto cosmos, o un caos azaroso. Nuestro hermoso deber es imaginar que hay un laberinto y un hilo. Nunca daremos con el hilo; acaso lo encontramos y lo perdemos en un acto de fe, en una cadencia, en el sueño, en las palabras que se llaman filosofía o en la mera y sencilla felicidad.

Cnossos, 1984.

Posesión del ayer

Sé que he perdido tantas cosas que no podría contarlas y que esas perdiciones, ahora, son lo que es mío. Sé que he perdido el amarillo y el negro y pienso en esos imposibles colores como no piensan los que ven. Mi padre ha muerto y está siempre a mi lado. Cuando quiero escandir versos de Swinburne, lo hago, me dicen, con su voz. Sólo el que ha muerto es nuestro, sólo es nuestro lo que perdimos. Ilión fue, pero Ilión perdura en el hexámetro que la plañe. Israel fue cuando era una antigua nostalgia. Todo poema, con el tiempo, es una elegía. Nuestras son las mujeres que nos dejaron, ya no sujetos a la víspera, que es zozobra, y a las alarmas y terrores de la esperanza. No hay otros paraísos que los paraísos perdidos.

Enrique Banchs

Un hombre gris. La equívoca fortuna
hizo que una mujer no lo quisiera;
esa historia es la historia de cualquiera
pero de cuantas hay bajo la luna
es la que duele más. Habrá pensado
en quitarse la vida. No sabía
que esa espada, esa hiel, esa agonía,
eran el talismán que le fue dado
para alcanzar la página que vive
más allá de la mano que la escribe
y del alto cristal de catedrales.
Cumplida su labor, fue oscuramente
un hombre que se pierde entre la gente;
nos ha dejado cosas inmortales.

Sueño soñado en Edimburgo

Antes del alba soñé un sueño que me dejó abrumado y que trataré de ordenar.

Tus mayores te engendran. En la otra frontera de los desiertos hay unas aulas polvorientas o, si se quiere, unos depósitos polvorientos, y en esas aulas o depósitos hay filas paralelas de pizarrones cuya longitud se mide por leguas o por leguas de leguas y en los que alguien ha trazado con tiza letras y números. Se ignora cuántos pizarrones hay en conjunto pero se entiende que son muchos y que algunos están abarrotados y otros casi vacíos. Las puertas de los muros son corredizas, a la manera del Japón, y están hechas de un metal oxidado. El edificio entero es circular, pero es tan enorme que desde afuera no se advierte la menor curvatura y lo que se ve es una recta. Los apretados pizarrones son más altos que un hombre y alcanzan hasta el cielo raso de yeso, que es blanquecino o gris. En el costado izquierdo del pizarrón hay primero palabras y después números. Las palabras se ordenan verticalmente, como en un diccionario. La primera es Aar, el río de Berna. La siguen los guarismos arábigos, cuya cifra es indefinida pero seguramente no infinita. Indican el número preciso de veces que verás aquel río, el número preciso de veces que lo descubrirás en el mapa, el número preciso de veces que soñarás con él. La última palabra es acaso Zwingli y queda muy lejos. En otro desmedido pizarrón está inscrita *neverness* y al lado de esa extraña palabra hay ahora una cifra. Todo el decurso de tu vida está en esos signos.

No hay un segundo que no esté royendo una serie.

Agotarás la cifra que corresponde al sabor del jengibre y seguirás viviendo. Agotarás la cifra que corresponde a la lisura del cristal y seguirás viviendo unos días. Agotarás la cifra de los latidos que te han sido fijados y entonces habrás muerto.

Las hojas del ciprés

Tengo un solo enemigo. Nunca sabré de qué manera pudo entrar en mi casa, la noche del catorce de abril de 1977. Fueron dos las puertas que abrió: la pesada puerta de calle y la de mi breve departamento. Prendió la luz y me despertó de una pesadilla que no recuerdo, pero en la que había un jardín. Sin alzar la voz me ordenó que me levantara y vistiera inmediatamente. Se había decidido mi muerte y el sitio destinado a la ejecución quedaba un poco lejos. Mudo de asombro, obedecí. Era menos alto que yo pero más robusto y el odio le había dado su fuerza. Al cabo de los años no había cambiado; sólo unas pocas hebras de plata en el pelo oscuro. Lo animaba una suerte de negra felicidad. Siempre me había detestado y ahora iba a matarme. El gato Beppo nos miraba desde su eternidad, pero nada hizo para salvarme. Tampoco el tigre de cerámica azul que hay en mi dormitorio, ni los hechiceros y genios de los volúmenes de *Las Mil y Una Noches*. Quise que algo me acompañara. Le pedí que me dejara llevar un libro. Elegir una Biblia hubiera sido demasiado evidente. De los doce tomos de Emerson mi mano sacó uno, al azar. Para no hacer ruido bajamos por la escalera. Conté cada peldaño.

Noté que se cuidaba de tocarme, como si el contacto pudiera contaminarlo.

En la esquina de Charcas y Maipú, frente al conventillo, aguardaba un cupé. Con un ceremonioso ademán que significaba una orden hizo que yo subiera primero. El cochero ya sabía nuestro destino y fustigó al caballo. El viaje fue muy lento y, como es de suponer, silencioso. Temí (o esperé) que fuera interminable también. La noche era de luna y serena y sin un soplo de aire. No había un alma en las calles. A cada lado del carruaje las casas bajas, que eran todas iguales, trazaban una guarda. Pensé: Ya estamos en el Sur. Alto en la sombra vi el reloj de una torre; en el gran disco luminoso no había ni guarismos ni agujas. No atravesamos, que yo sepa, una sola avenida. Yo no tenía miedo, ni siquiera miedo de tener miedo, ni siquiera miedo de tener miedo de tener miedo, a la infinita manera de los eleatas, pero cuando la portezuela se abrió y tuve que bajar, casi me caí. Subimos por unas gradas de piedra. Había canteros singularmente lisos y eran muchos los árboles. Me condujo al pie de uno de ellos y me ordenó que me tendiera en el pasto, de espaldas, con los brazos en cruz. Desde esa posición divisé una loba romana y supe donde estábamos. El árbol de mi muerte era un ciprés. Sin proponérmelo, repetí la línea famosa: *Quantum lenta solent inter viburna cupressi.*

Recordé que *lenta*, en ese contexto, quiere decir flexible, pero nada tenían de flexibles las hojas de mi árbol. Eran iguales, rígidas y lustrosas y de materia muerta. En cada una había un monograma. Sentí asco y alivio. Supe que un gran esfuerzo podía salvarme. Salvarme y acaso perderlo, ya que, habitado por el odio, no se había fijado en el reloj ni en las monstruosas ramas. Solté mi talismán y apreté el pasto con las dos manos. Vi por primera y última vez el fulgor del acero. Me desperté; mi mano izquierda tocaba la pared de mi cuarto.

Qué pesadilla rara, pensé, y no tardé en hundirme en el sueño.

Al día siguiente descubrí que en el anaquel había un hueco; faltaba el libro de Emerson, que se había quedado en el sueño. A los diez días me dijeron que mi enemigo había salido de su casa una noche y que no había regresado. Nunca regresará. Encerrado en mi pesadilla, seguirá descubriendo con horror, bajo la luna que no vi, la ciudad de relojes en blanco, de árboles falsos que no pueden crecer y nadie sabe qué otras cosas.

Ceniza

Una pieza de hotel, igual a todas.
La hora sin metáfora, la siesta
que nos disgrega y pierde. La frescura
del agua elemental en la garganta.
La niebla tenuemente luminosa
que circunda a los ciegos, noche y día.
La dirección de quien acaso ha muerto.
La dispersión del sueño y de los sueños.
A nuestros pies un vago Rhin o Ródano.
Un malestar que ya se fue. Esas cosas
demasiado inconspicuas para el verso.

Haydee Lange

Las naves de alto bordo, las azules
espadas que partieron de Noruega,
de tu Noruega y depredaron mares
y dejaron al tiempo y a sus días
los epitafios de las piedras rúnicas,
el cristal de un espejo que te aguarda,
tus ojos que miraban otras cosas,
el marco de una imagen que no veo
las verjas de un jardín junto al ocaso,
un dejo de Inglaterra en tu palabra,
el hábito de Sandburg, unas bromas,
las batallas de Bancroft y de Kohler
en la pantalla silenciosa y lúcida,
los viernes compartidos. Esas cosas,
sin nombrarte te nombran.

Otro fragmento apócrifo

Uno de los discípulos del maestro quería hablar a solas con él, pero no se atrevía. El maestro le dijo:

—Dime qué pesadumbre te oprime.

El discípulo replicó:

—Me falta valor.

El maestro dijo:

—Yo te doy el valor.

La historia es muy antigua, pero una tradición, que bien puede no ser apócrifa, ha conservado las palabras que esos hombres dijeron, en los linderos del desierto y del alba.

Dijo el discípulo:

—He cometido hace tres años un gran pecado. No lo saben los otros pero yo lo sé, y no puedo mirar sin horror mi mano derecha.

Dijo el maestro:

—Todos los hombres han pecado. No es de hombres no pecar. El que mirare a un hombre con odio ya le ha dado muerte en su corazón.

Dijo el discípulo:

—Hace tres años, en Samaria, yo maté a un hombre.

El maestro guardó silencio, pero su rostro se demudó y el discípulo pudo temer su ira. Dijo al fin:

—Hace diecinueve años, en Samaria, yo engendré a un hombre. Ya te has arrepentido de lo que hiciste.

Dijo el discípulo:

—Así es. Mis noches son de plegaria y de llanto. Quiero que tú me des tu perdón.

Dijo el maestro:

—Nadie puede perdonar, ni siquiera el Señor. Si a un hombre lo juzgaran por sus actos, no hay quien no fuera merecedor del infierno y del cielo. ¿Estás seguro de ser aún aquel hombre que dio muerte a su hermano?

Dijo el discípulo:

—Ya no entiendo la ira que me hizo desnudar el acero.

Dijo el maestro:

—Suelo hablar en parábolas para que la verdad se grabe en las almas, pero hablaré contigo como un padre habla con su hijo. Yo no soy aquel hombre que pecó; tú no eres aquel asesino y no hay razón alguna para que sigas siendo su esclavo. Te incumben los deberes de todo hombre: ser justo y ser feliz. Tú mismo tienes que salvarte. Si algo ha quedado de tu culpa yo cargaré con ella.

Lo demás de aquel diálogo se ha perdido.

La larga busca

Anterior al tiempo o fuera del tiempo (ambas locuciones son vanas) o en un lugar que no es del espacio, hay un animal invisible, y acaso diáfano, que los hombres buscamos y que nos busca.

Sabemos que no puede medirse. Sabemos que no puede contarse, porque las formas que lo suman son infinitas.

Hay quienes lo han buscado en un pájaro, que está hecho de pájaros; hay quienes lo han buscado en una palabra o en las letras de esa palabra; hay quienes lo han buscado, y lo buscan, en un libro anterior al árabe en que fue escrito, y aún a todas las cosas; hay quien lo busca en la sentencia Soy El Que Soy.

Como las formas universales de la escolástica o los arquetipos de Whitehead, suele descender fugazmente. Dicen que habita los espejos, y que quien se mira Lo mira. Hay quienes lo ven o entrevén en la hermosa memoria de una batalla o en cada paraíso perdido.

Se conjetura que su sangre late en tu sangre, que todos los seres lo engendran y fueron engendrados por él y que basta invertir una clepsidra para medir su eternidad.

Acecha en los crepúsculos de Turner, en la mirada de una mujer, en la antigua cadencia del hexámetro, en la ignorante aurora, en la luna del horizonte o de la metáfora.

Nos elude de segundo en segundo. La sentencia del romano se gasta, las noches roen el mármol.

De la diversa Andalucía

Cuántas cosas. Lucano que amoneda
el verso y aquel otro là sentencia.
La mezquita y el arco. La cadencia
del agua del Islam en la alameda.
Los toros de la tarde. La bravía
música que también es delicada.
La buena tradición de no hacer nada.
Los cabalistas de la judería.
Rafael de la noche y de las largas
mesas de la amistad. Góngora de oro.
De las Indias el ávido tesoro.
Las naves, los aceros, las adargas.
Cuántas voces y cuánta bizarría
y una sola palabra. Andalucía.

Góngora

Marte, la guerra. Febo, el sol. Neptuno,
el mar que ya no pueden ver mis ojos
porque lo borra el dios. Tales despojos
han desterrado a Dios, que es Tres y es Uno,
de mi despierto corazón. El hado
me impone esta curiosa idolatría.
Cercado estoy por la mitología.
Nada puedo. Virgilio me ha hechizado.
Virgilio y el latín. Hice que cada
estrofa fuera un arduo laberinto
de entretejidas voces, un recinto
vedado al vulgo, que es apenas, nada.
Veo en el tiempo que huye una saeta
rígida y un cristal en la corriente
y perlas en la lágrima doliente.
Tal es mi extraño oficio de poeta.
¿Qué me importan las befas o el renombre?
Troqué en oro el cabello, que está vivo.
¿Quién me dirá si en el secreto archivo
de Dios están las letras de mi nombre?

Quiero volver a las comunes cosas:
el agua, el pan, un cántaro, unas rosas...

Todos los ayeres, un sueño

Naderías. El nombre de Muraña,
una mano templando una guitarra,
una voz, hoy pretérita que narra
para la tarde una perdida hazaña
de burdel o de atrio, una porfía,
dos hierros, hoy herrumbre, que chocaron
y alguien quedó tendido, me bastaron
para erigir una mitología.
Una mitología ensangrentada
que ahora es el ayer. La sabia historia
de las aulas no es menos ilusoria
que esa mitología de la nada.
El pasado es arcilla que el presente
labra a su antojo. Interminablemente.

Piedras y Chile

Por aquí habré pasado tantas veces.
No puedo recordarlas. Más lejana
que el Ganges me parece la mañana
o la tarde en que fueron. Los reveses
de la suerte no cuentan. Ya son parte
de esa dócil arcilla, mi pasado,
que borra el tiempo o que maneja el arte
y que ningún augur ha descifrado.
Tal vez en la tiniebla hubo una espada,
acaso hubo una rosa. Entretejidas
sombras las guardan hoy en sus guaridas.
Sólo me queda la ceniza. Nada.
Absuelto de las máscaras que he sido,
seré en la muerte mi total olvido.

Milonga del infiel

Desde el desierto llegó
en su azulejo el infiel.
Era un pampa de los toldos
de Pincén o de Catriel.

El y el caballo eran uno,
eran uno y no eran dos.
Montado en pelo lo guiaba
con el silbido o la voz.

Había en su toldo una lanza
que afilaba con esmero;
de poco sirve una lanza
contra el fusil ventajero.

Sabía curar con palabras,
lo que no puede cualquiera.
Sabía los rumbos que llevan
a la secreta frontera.

De tierra adentro venía
y a tierra adentro volvió;

acaso no contó a nadie
las cosas raras que vio.

Nunca había visto una puerta,
esa cosa tan humana
y tan antigua, ni un patio
ni el aljibe y la roldana.

No sabía que detrás
de las paredes hay piezas
con su catre de tijera,
su banco y otras lindezas.

No lo asombró ver su cara
repetida en el espejo;
la vio por primera vez
en ese primer reflejo.

Los dos indios se miraron,
no cambiaron ni una seña.
Uno —¿cuál?— miraba al otro
como el que sueña que sueña.

Tampoco lo asombraría
saberse vencido y muerto;
a su historia la llamamos
la Conquista del Desierto.

Milonga del muerto

Lo he soñado en esta casa
entre paredes y puertas.
Dios les permite a los hombres
soñar cosas que son ciertas.

Lo he soñado mar afuera
en unas islas glaciales.
Que nos digan lo demás
la tumba y los hospitales.

Una de tantas provincias
del interior fue su tierra.
(No conviene que se sepa
que muere gente en la guerra.)

Lo sacaron del cuartel,
le pusieron en las manos
las armas y lo mandaron
a morir con sus hermanos.

Se obró con suma prudencia,
se habló de un modo prolijo.

Les entregaron a un tiempo
el rifle y el crucifijo.

Oyó las vanas arengas
de los vanos generales.
Vio lo que nunca había visto,
la sangre en los arenales.

Oyó vivas y oyó mueras,
oyó el clamor de la gente.
El sólo quería saber
si era o si no era valiente.

Lo supo en aquel momento
en que le entraba la herida.
Se dijo *No tuve miedo*
cuando lo dejó la vida.

Su muerte fue una secreta
victoria. Nadie se asombre
de que me dé envidia y pena
el destino de aquel hombre.

1982

Un cúmulo de polvo se ha formado en el fondo del anaquel, detrás de la fila de libros. Mis ojos no lo ven. Es una telaraña para mi tacto.

Es una parte ínfima de la trama que llamamos la historia universal o el proceso cósmico. Es parte de la trama que abarca estrellas, agonías, migraciones, navegaciones, lunas, luciérnagas, vigilias, naipes, yunques, Cartago y Shakespeare.

También son parte de la trama esta página, que no acaba de ser un poema, y el sueño que soñaste en el alba y que ya has olvidado.

¿Hay un fin en la trama? Schopenhauer la creía tan insensata como las caras o los leones que vemos en la configuración de una nube. ¿Hay un fin de la trama? Ese fin no puede ser ético, ya que la ética es una ilusión de los hombres, no de las inescrutables divinidades.

Tal vez el cúmulo de polvo no sea menos útil para la trama que las naves que cargan un imperio o que la fragancia del nardo.

Juan López y John Ward

Les tocó en suerte una época extraña.

El planeta había sido parcelado en distintos países, cada uno provisto de lealtades, de queridas memorias, de un pasado sin duda heroico, de derechos, de agravios, de una mitología peculiar, de próceres de bronce, de aniversarios, de demagogos y de símbolos. Esa división, cara a los cartógrafos, auspiciaba las guerras.

López había nacido en la ciudad junto al río inmóvil; Ward, en las afueras de la ciudad por la que caminó Father Brown. Había estudiado castellano para leer el Quijote.

El otro profesaba el amor de Conrad, que le había sido revelado en una aula de la calle Viamonte.

Hubieran sido amigos, pero se vieron una sola vez cara a cara, en unas islas demasiado famosas, y cada uno de los dos fue Caín, y cada uno, Abel.

Los enterraron juntos. La nieve y la corrupción los conocen.

El hecho que refiero pasó en un tiempo que no podemos entender.

Los conjurados

En el centro de Europa están conspirando.

El hecho data de 1291.

Se trata de hombres de diversas estirpes, que profesan diversas religiones y que hablan en diversos idiomas.

Han tomado la extraña resolución de ser razonables.

Han resuelto olvidar sus diferencias y acentuar sus afinidades.

Fueron soldados de la Confederación y después mercenarios, porque eran pobres y tenían el hábito de la guerra y no ignoraban que todas las empresas del hombre son igualmente vanas.

Fueron Winkelried, que se clava en el pecho las lanzas enemigas para que sus camaradas avancen.

Son un cirujano, un pastor o un procurador, pero también son Paracelso y Amiel y Jung y Paul Klee.

En el centro de Europa, en las tierras altas de Europa, crece una torre de razón y de firme fe.

Los cantones ahora son veintidós. El de Ginebra, el último, es una de mis patrias.

Mañana serán todo el planeta.

Acaso lo que digo no es verdadero; ojalá sea profético.

Alianza Tres

Títulos publicados